BEI GRIN MACHT SICH IHR WISSEN BEZAHLT

AF139793

- Wir veröffentlichen Ihre Hausarbeit, Bachelor- und Masterarbeit

- Ihr eigenes eBook und Buch - weltweit in allen wichtigen Shops

- Verdienen Sie an jedem Verkauf

Jetzt bei www.GRIN.com hochladen und kostenlos publizieren

Bibliografische Information der Deutschen Nationalbibliothek:

Die Deutsche Bibliothek verzeichnet diese Publikation in der Deutschen National-bibliografie; detaillierte bibliografische Daten sind im Internet über http://dnb.d-nb.de/ abrufbar.

Impressum:

Copyright © 2018 GRIN Verlag
Druck und Bindung: Books on Demand GmbH, Norderstedt Germany
ISBN: 9783668932593

Dieses Buch bei GRIN:

https://www.grin.com/document/464310

Anna-Lena Neuwirth

Marktanalyse am Beispiel eines konkreten Standorts und einer konkreten Nutzungsart

GRIN Verlag

GRIN - Your knowledge has value

Der GRIN Verlag publiziert seit 1998 wissenschaftliche Arbeiten von Studenten, Hochschullehrern und anderen Akademikern als eBook und gedrucktes Buch. Die Verlagswebsite www.grin.com ist die ideale Plattform zur Veröffentlichung von Hausarbeiten, Abschlussarbeiten, wissenschaftlichen Aufsätzen, Dissertationen und Fachbüchern.

Besuchen Sie uns im Internet:

http://www.grin.com/

http://www.facebook.com/grincom

http://www.twitter.com/grin_com

Hochschule der Sparkassen-Finanzgruppe

- University of Applied Sciences – Bonn

Hausarbeit

Bereich: Immobilienökonomie

Modul: Immobilienprojekte, Portfoliomanagement

Thema: Marktanalyse am Beispiel eines konkreten Standorts und einer konkreten Nutzungsart

Vorgelegt von:

Anna-Lena Neuwirth

Kurzfassung

Nach einer Analyse des globalen Immobiliendienstleisters CBRE wurden bereits im ersten Halbjahr 2018 über 1,6 Milliarden Euro für Mikro-Apartments und Studentenwohnheime investiert. Dies entspricht einer Steigerung von 224% im Vergleich zum selben Zeitraum im Vorjahr – und das alleine in Deutschland.

Dieses Wachstum lässt das enorme Potential welches in dieser Form des Wohnens steckt erahnen. Doch kann ein Immobilienprojekt „Mikro-Apartments" nur in Studentenhochburgen und Großstädten entstehen oder ist diese Idee auch für mittlere und kleinere Städte eine Alternative zur Bekämpfung des Wohnraummangels?

Die folgende Standort- und Marktanalyse untersucht diese Thematik um herauszufinden, ob Mikro-Apartments auch in einer Kreisstadt in Mitten Baden-Württembergs erfolgreich sein können.

Inhaltsverzeichnis

Abkürzungsverzeichnis

Abb.	Abbildung
BGB	Bürgerliches Gesetzbuch
BW	Baden-Württemberg
DHBW	Duale Hochschule Baden-Württemberg
ÖPNV	Öffentlicher Personennahverkehr
RMK	Rems-Murr-Kreis
WN	Waiblingen

Abbildungs- und Tabellenverzeichnis

1 Einleitung

Die folgende Marktanalyse am Beispiel eines konkreten Standorts und einer konkreten Nutzungsart stellt ein Beispiel für einen Teil der Planungen im Rahmen eines Immobilienprojekts dar.

„Planung ist ein von Personen getragener, rationaler informationsverarbeitender Prozess zur Erstellen eines Entwurfs, welcher Maßnahmen für das Erreichen von Zielen vorausschauend festlegt."[1]

Diese Arbeit geht auf den generellen Aufbau einer Standort- und Marktanalyse ein und wird diese am konkreten Beispiel von Mikro-Apartments in Waiblingen genauer beleuchten.

2 Aufbau einer Standort- und Marktanalyse

Bei Immobilienprojekten ist eine Standort- und Marktanalyse aufgrund der nach Baubeginn absoluten Standortgebundenheit von enormer Bedeutung. Eine genaue Kenntnis aller entscheidenden Faktoren der Region ist unverzichtbar, da - anders als bei mobilen Gütern - Immobilien im Nachgang nicht an einem anderen als ursprünglich geplanten und realisierten Standort abgesetzt werden können.

Wichtig ist auch nicht nur die aktuelle Situation zu bewerten. Eine Prognose für die Zukunft und somit die Analyse der Nachhaltigkeit ist aufgrund der in der Regel langen Zeit von der Planung bis zur Realisierung und Fertigstellung eines Projekts und der damit verbundenen Kapitalbindung unumgänglich.[2]

Die Standort- und Marktanalyse ist somit die Grundlage für den langfristigen Erfolg eines Immobilienprojekts.

2.1 Vorbereitung der Standort- und Marktanalyse

Im ersten Schritt wird die Nutzungsart der Immobilie festgelegt. Damit ist oft bereits automatisch die Zielgruppe verbunden. Diese und der zu analysierende Teil des Marktes – aufgeteilt nach Makro- und Mikrostandort - müssen in der Folge genau definiert werden.

---

[1] Schweitzer (2011), S. 40.
[2] Vgl. Brauer (2018), S. 607 + 608.

Bei der anschließenden Datenerhebung werden die anzuwendenden Methoden der Erhebungsarten, -quellen und -verfahren festgelegt. Man kann zwei Arten der Erhebungsart unterscheiden. Bei Primärdaten werden diese selbständig für die Analyse erhoben. Sekundärdaten greifen auf bereits bestehende Auswertungen zurück. Das Erhebungsverfahren wird in Voll- und Teilerhebung unterschieden. Aufgrund der großen Menge an vorhandenen Daten wird in der Regel eine Teilerhebung durchgeführt.[3]

2.2 Standortanalyse

Die Standortanalyse beschäftigt sich mit dem Standort an sich, also der Infrastruktur, der soziodemographischen Struktur, den ökonomischen Rahmendbedingungen, dem Immobilienmarkt und sonstigen Rahmenbedingungen.[4]

Zunächst werden die Standortbedingungen des Makrostandorts, also des (Bundes-) Landes bzw. der Region analysiert. Im zweiten Schritt folgt die Bewertung des Mikrostandorts, also der konkreten Stadt bzw. eines Stadtteils.[5]

2.3 Marktanalyse

Bei der Marktanalyse geht es im Wesentlichen um immobilienbezogene Aspekte. Wichtig sind hier vor allem Daten wie das aktuelle Mietniveau, Leerstand bereits vorhandener Immobilien oder Kaufpreisfaktoren.[6]

Ein weiterer Teil der Marktanalyse ist die Betrachtung der Konkurrenzsituation. Bei diesen Prüfungen ist nicht das Sammeln vollständiger Daten aller Mitbewerber entscheidend, sondern die Identifizierung der Anbieter mit dem regional größten Einfluss.[7]

Ist ein Standort als Investitionsort gewählt und ein entsprechendes Grundstück vorhanden, ist dieses entsprechend zu prüfen. Die Vorgaben zur baulichen Nutzung gibt die Gemeinde. Mit einer Bauvoranfrage kann während der Planungsphase

---

[3] Vgl. Brauer (2018), S. 609 – 615 und Großklaus (2009), S. 84.
[4] Falk (Hrsg.) (1994), S. 353-354.
[5] Vgl. Theis (2008), S. 310.
[6] Vgl. Brauer (2010), S. 611.
[7] Vgl. Theis (2008), S. 340 und Großklaus (2009), S. 99.

abgestimmt werden, ob sich das Projekt realisieren lässt und mit welchen Kosten zu rechnen ist. Zusätzlich gilt es weiter rechtliche Rahmenbedingungen, wie Grundbucheintragungen oder Baulasten zu prüfen.[8]

3 Standort- und Marktanalyse am Beispiel von Mikro-Apartments in Waiblingen

Als Nutzungsart wurde für die folgende Analyse die Form der Mikro-Apartments gewählt. Auf die entsprechende Zielgruppe wird unter 3.1 näher eingegangen.

Für die Datenerhebung wurden ausschließlich Sekundärdaten verschiedener Quellen genutzt, die überwiegend als Teilerhebung erfolgt sind.

3.1 Mikro-Apartments als Nutzungsart des Immobilienprojekts

Nach der Definition von Mikro-Apartments als Nutzungsart des Projekts ist die Zielgruppe der Nutzer – in diesem Fall die Mieter - zu bestimmen.[9]

Mikro-Apartments sind in Deutschland noch nicht flächendeckend zu finden. Man kann also noch von einem Nischenmarkt ausgehen, der aktuell ei immer weiter steigendes Wachstum erfährt.

Diese Form des Wohnens wird überwiegend von Studenten oder Arbeitnehmern genutzt, die für eine begrenzte Zeit an einem bestimmten Standort leben. In der Regel sind diese Personen Pendler, sodass das Apartment einen Zweitwohnsitz darstellt. Zusätzlich gibt es eine wachsende Nachfrage von größeren Konzernen, die Fachkräfte für temporäre Projekte oder Auszubildenden an bestimmten Standorten einsetzen möchten.[10]

Der Vorteil für Investoren bei diesem Konzept: da die Einheiten in der Regel nur zum vorübergehenden Gebrauch oder sogar konkret als Studentenwohnheim vermietet werden, sind sie von verschiedenen Regelungen des BGB bezüglich Mietverhältnisse über Wohnraum ausgenommen. So auch vom §556d Abs. 1 BGB, der eine Begrenzung der Miete zu Beginn des Mietverhältnisses von höchstens 10% über der ortsüblichen Vergleichsmiete in von der Landesregierung festgelegten

---

[8] Vgl. Brauer (2010), S. 615 - 621.
[9] Vgl. Brauer (2018), S. 609.
[10] Vgl. Ponnewitz / Kienzler (2016), S. 36-38.

Städten verlangt. Daher können Vermieter unabhängig vom Standort auch deutlich mehr als die ortsüblichen Mieten verlangen.[11]

Für die folgende Standortanalyse wird also der Fokus auf die Zielgruppe der Studierenden sowie die oben beschriebenen Arbeitnehmer und Arbeitgeber gerichtet.

Grundsätzlich ist davon auszugehen, dass diese Zielgruppen zu dem Teil der Bevölkerung zählen, der als überdurchschnittlich gebildet bezeichnet werden kann. Dieser Personenkreis gilt als mobiler als der „Durchschnittsdeutsche". Sie wechseln Ihren Wohnsitz häufiger, was es umso wichtiger macht einen attraktiven Standort zu wählen und zusätzlich innerhalb des Projekts selbst ein ansprechendes Umfeld zu schaffen.[12]

3.2 Makrostandort Rems-Murr-Kreis und Umgebung

Im Zentrum Baden-Württembergs befindet sich östlich an die Landeshauptstadt Stuttgart angrenzend der Rems-Murr-Kreis (rot markiert in Abb. 1), welcher zum Regierungsbezirk Stuttgart (hellrot markiert in Abb. 1) gehört.

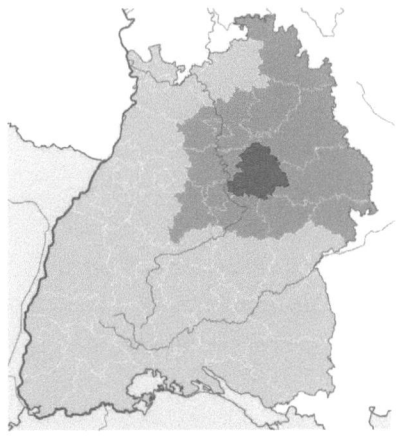

Abbildung 1 Der Rems-Murr-Kreis in BW[13]   **Abbildung 2 Lage von Waiblingen im RMK[14]**

---

[11] Siehe §549 Abs. 2 Nr. 1 und Abs. 3 BGB
[12] Vgl. Becker, J. (2018), S. 270
[13] Wikimedia Commons (2009).
[14] Wikipedia (2009).

Die Stadt Waiblingen (gelb markiert in Abb. 2) ist als eine von sechs großen Kreisstädten und mit ihren 54.824 Einwohnern (inkl. Teilorten, Stand 30.09.2018)[15] gleichzeitig die einwohnerstärkste und Hauptstadt des Landkreises.

Im Rems-Murr-Kreis leben 422.698 Menschen (Stand 31.12.2016), was bei 858 km² einer Bevölkerungsdichte von ca. 493 Personen pro Quadratkilometer entspricht.[16] Dies zeigt, dass die Region eher ländlich geprägt ist. Zum Vergleich: die angrenzende Landeshauptstadt Stuttgart kam zur selben Zeit auf knapp 3000 Einwohner pro Quadratkilometer.[17] Dementsprechend liegen auch die Preise für Grundstücke im Rems-Murr-Kreis unter derer im angrenzenden Stuttgart, was ein Vorteil für den Investor im Bezug auf die Kosten des Projekts ist.

Wo viele Menschen auf engem Raum leben möchten – Studierende oder Arbeitnehmer – steigen die Mietpreise und somit die Renditen der Vermieter. Daher sieht das Konzept der Mikro-Apartments eine sehr effiziente Nutzung des Wohnraums vor. Obwohl Städte wie Waiblingen aktuell auf dem Immobilienmarkt sehr gefragt sind, ist die im Verhältnis zu Großstädten noch dünne Bevölkerungsdichte im Rems-Murr-Kreis ein klares Negativkriterium bei der Standortanalyse. Die Stadt Waiblingen selbst (ohne Teilorte) ist dichter besiedelt, jedoch gibt es bereits im sehr nahegelegenen Umfeld Ausweichmöglichkeiten auf bezahlbaren Wohnraum im etwas ländlicheren Bereich.

Von der wachsenden Nachfrage größerer Konzerne kann der gewählte Standort profitieren. Im Rems-Murr-Kreis finden sich mehrere – auch weltweit tätige - Firmen, die nicht nur als beliebte Arbeitgeber, sondern auch als erfolgreiche Unternehmen bekannt sind wie z.B. der Motorsägenhersteller Andreas Stihl AG & Co. KG oder die Haushaltsgerätebauer Robert Bosch GmbH und Alfred Kärcher GmbH & Co. KG. Im angrenzenden Großraum Stuttgart mit angrenzenden Landkreisen finden sich zahlreiche weitere große Weltkonzerne, die Fachkräfte für temporäre Projekte oder Auszubildenden einsetzen.

Die Arbeitslosenquote lag im September 2018 bei 3,0% und somit im Bereich des Baden-Württembergischen Durchschnitts von 3,1%.[18] Diese Quote liegt unter dem

---

[15] Vgl. Statistische Ämter des Bundes und der Länder (2018).
[16] Vgl. Rems-Murr-Kreis (2018).
[17] Vgl. Stadt Stuttgart (2018).
[18] Vgl. Bundesagentur für Arbeit (2018).

Bundesdurchschnitt und zeugt von einer stabilen wirtschaftlichen Situation der Region.

Unter die sonstigen Rahmenbedingungen fällt zum Beispiel die stabile politische Situation in Baden-Württemberg und dem Rems-Murr-Kreis. Dies ist ein wichtiger und grundlegender Faktor der Standortanalyse, ohne die ein Immobilienprojekt nicht möglich wäre. Da man aber in Deutschland flächendeckend von einer solch stabilen Situation ausgehen kann, ist dies kein expliziter Standortvorteil für den Rems-Murr-Kreis.

Bei einem Blick auf die Konkurrenzsituation stellt man fest, dass das Interesse von Investoren am Modell von Mikro-Apartments steigt.

Im Nachbarkreis Esslingen bestehen bereits 52 Mikro-Apartments in unmittelbarer Nähe des Bahnhofs (ca. 500 m). Aktuell gibt es Planungen von zwei Investoren für 140 bzw. 256 weiterer voll möblierter Zimmer im selben Stadtgebiet. Ob diese Projekte realisiert werden können, ist aktuell von der Entscheidung der Gemeinde für oder gegen diese Art der Bebauung abhängig.[19]

Ein weiterer Anbieter von Mikro-Apartments findet sich mit „I Live" in direkter Nachbarschaft der Pädagogischen Hochschule in Schwäbisch Gmünd und somit ebenfalls an der Kreisgrenze des Rems-Murr-Kreis.

Die beiden Wohnhäuser mit optimiertem Raumkonzept bestehen seit 2013 bzw. 2014. Aktuell entsteht in ca. 2,5 km Entfernung das „Maison Gmünd", ein weiteres Neubauprojekt mit der gleichen Ausrichtung. Dies sind nur zwei Beispiele des Anbieters, der ebenfalls noch in Berlin, Hamburg, Köln oder auch näher an Waiblingen gelegenen Städten wie Aalen und Heidenheim vertreten ist.

3.3 Mikrostandort Waiblingen

Um die Stadt Waiblingen in verschiedenen Kategorien bewerten zu können wurde gemessen, in welcher Entfernung die nächsten Einrichtungen der verschiedenen Bereiche zu erreichen sind. Es wurden modellhaft die Bereiche Verkehrsinfrastruktur,

---

[19] Vgl. Stuttgarter Zeitung (Hrsg.) (2018).

Bildungseinrichtungen sowie Einrichtungen der Kultur, Freizeit und Gesundheit näher betrachtet.

Verkehrs-infrastruktur	< 10 km	10 – 20 km	20 – 30 km	30 - 40 km	> 40 km
S-Bahn	✔				
Regionalbahnen	✔				
Fernzüge (IC, ICE)		✔			
Fernbus		✔			
Flughafen			✔		
Autobahnanschluss (Richtung Norden)			✔		
Autobahnanschluss (Richtung Osten)			✔		
Autobahnanschlus (Richtung Süden)			✔		
Autobahnanschluss (Richtung Westen)			✔		
ausgebaute Bundesstraße	✔				

Tabelle 1: Entfernungen zur Verkehrsinfrastruktur[20]

Waiblingen ist durch den Halt der Regionalzüge und S-Bahn Linien sehr gut an den Hauptbahnhof Stuttgart und den Flughafen STR in Leinfelden-Echterdingen angeschlossen. Auch die Haltestelle der Fernbusse für Stuttgart ist aufgrund ihrer Auslagerung ins Randgebiet nach Kornwestheim gut von Waiblingen aus zu erreichen.[21] Die Bewertung der Infrastruktur im Bereich des ÖPNV ist für die Stadt fällt somit sehr positiv aus.

Einen infrastrukturellen Nachteil lässt sich dagegen auf den Straßen feststellen, da es in der näheren Umgebung keinen Autobahnanschluss gibt. Die nächsten Autobahnen werden mit der A8 oder A81 nach frühestens 30 Minuten – staufreie Straßen vorausgesetzt - erreicht.

Hinzu kommt die verkehrsbelastete Zufahrt nach Stuttgart. Aufgrund der kesselartigen Geographie der Landeshauptstadt ist die B14 mit dem Kappelbergtunnel die einzige Hauptverkehrsverbindung und somit ein Nadelöhr für den gesamten Verkehr nach Stuttgart. Dass die beiden Bundesstraßen (B14 und

---

[20] Vgl. Google Maps (2018).
[21] Vgl. Verkehrs- und Tarifverbund Stuttgart GmbH (2018).

B29) welche durch Waiblingen führen zweispurig ausgebaut sind, ist daher nur ein geringer Mehrwert in Anbetracht der genannten Schwierigkeiten im Bereich der Autobahnanschlüsse oder Erreichbarkeit Stuttgarts.

Studierende nutzen in der Regel den ÖPNV, da dies für sie durch Angebote der Betreiber günstig und aufgrund der guten Anbindungen der Bildungseinrichtungen praktikabel ist. Ein Faktor, der für den Standort Waiblingen und das Projekt der Mikro-Apartments spricht.

Auch die in der Zielgruppe ausgewählten Arbeitnehmer nutzen den ÖPNV. Zusätzlich ist die gute Erreichbarkeit des Flughafens vor allem für geschäftlich Reisende sehr wichtig. Allerdings spielt in diesem Personenkreis oft auch das Auto eine wichtige Rolle, was an dieser Stelle als klar als negativer Faktor gewertet werden muss.

Bildungs-einrichtungen	< 10 km	10 – 20 km	20 – 30 km	30 - 40 km	> 40 km
Berufschulzentrum Waiblingen	✔				
Universität Stuttgart		✔			
DHBW Stuttgart		✔			
Hochschule Esslingen			✔		
Volkshochschule „Unteres Remstal"	✔				
Württembergische Landesbibliothek		✔			
Universitätsbibliothek Stuttgart		✔			

Tabelle 2: Entfernungen zu Bildungseinrichtungen[22]

Der Standort Waiblingen profitiert von der Nähe zu Stuttgart, da hier nahezu alle Bereiche von Bildungseinrichtungen abgedeckt werden. Zusätzlich ist die Hochschule Esslingen, welche ebenfalls ein breites Angebot an Studiengängen bietet, gut erreichbar.

Mit der württembergischen Landesbibliothek und der Universitätsbibliothek Stuttgart stehen nicht nur Studierenden große wissenschaftliche Sammlungen zur Verfügung. Die Bibliotheken ermöglichen allen Bürgern den Zugriff zu Ihrer Literatur.

---

[22] Vgl. Google (Hrsg.) (2018).

Allerdings entsprechen die Entfernungen von bis zu 20 Kilometern nicht dem, was ein Studierender heute erwartet, da sich das „Studentenleben" in der Regel in unmittelbarer Umgebung der Bildungsstätten abspielt.

Zusammenfassend kann die Erreichbarkeit der vorhandenen Hochschulen und Universitäten, die große Teile aller Fachbereiche abdecken, zwar als positiv beurteilt werden. Jedoch sind die Distanzen für Studierende eher zu groß. Da Studenten aber als eine der beiden Hauptzielgruppen definiert wurden, spricht dies nicht für den Standort Waiblingen.

Kultur, Freizeit & Gesundheit	< 10 km	10 – 20 km	20 – 30 km	30 - 40 km	> 40 km
Krankenhaus	✔				
Ärzte und Apotheken	✔				
Mineralbäder Bad Cannstatt		✔			
Therme Böblingen				✔	
Staatsgalerie Stuttgart (Kunstmuseum)		✔			
Staatstheater Stuttgart (Opernhaus)		✔			
Konzerthallen		✔			
Kino	✔				
Einkaufszentrum	✔				
Möbelhäuser	✔				
Zoo		✔			
Freizeitpark				✔	

Tabelle 3: Entfernung zu Einrichtungen der Kultur, Freizeit und Gesundheit[23]

Die beispielhafte Auflistung diverser Einrichtungen aus Kultur, Freizeit und Gesundheit macht ebenfalls die Nähe zur Landeshauptstadt Stuttgart als Standortvorteil deutlich.

Die Angebote in der unmittelbaren Umgebung Waiblingens bieten ein breites Programm im Bereich der klassischen Freizeitgestaltung. Dieses wird sowohl von Studierenden, als auch von Arbeitnehmern und ihren Familien gerne genutzt.

---

[23] Vgl. Google (Hrsg.) (2018).

Zusätzlich bieten Einrichtungen wie die Staatsgalerie oder das Staatstheater auch interessante Möglichkeiten für anspruchsvollere Zielgruppen der gehobeneren Bevölkerung. Dies trifft aufgrund des aufgeführten durchschnittlich höheren Bildungsniveaus auf die Zielgruppe der Nutzer von Mikro-Apartment zu.

4 Fazit

Mikro-Apartments sind auf dem Vormarsch und werden uns künftig immer häufiger begegnen.

Für den Rems-Murr-Kreis sprechen die im Vergleich zu Großstädten aktuell noch günstigeren Preise für Grundstücke, allerdings sind im Gegenzug auch die zu erwartenden Erträge aus den Mieteinnahmen geringer.

Die ansässigen Unternehmen bieten ein für Arbeitnehmer attraktives Umfeld. Auch für Studierende ist das Angebot der verschiedenen Hochschulen, welche mit dem ÖPNV schnell erreichbar sind, und die Möglichkeiten für den späteren Berufseinstig sehr gut.

Generell ergibt sich aus der guten Anbindung an den ÖPNV ein Standortvorteil für Waiblingen. Die fehlende Anbindung an Autobahnen wird durch die ausgebauten Bundesstraßen teilweise aufgefangen. Großer Schwachpunkt ist allerdings die stark verkehrsbelastete Zufahrt Stuttgarts.

Auch im Bereich der Kultur, Freizeit und Gesundheit wird aus den beispielhaft aufgeführten Einrichtungen deutlich, dass man in der Umgebung von Waiblingen auf ein breites Angebot zurückgreifen kann. Allerdings lässt die Stadt selbst einige Institutionen vermissen.

Zusammenfassend ist Waiblingen als Standort nicht ungeeignet. Da die Nutzung von Mikro-Apartments aktuell aber noch nicht in der breiten Bevölkerung gängig ist, ist eine Investition hier zum jetzigen Zeitpunkt zu früh. Sobald die Projekte aber bekannter und die Nachfrage größer wird, werden Investoren auch auf Gebiete außerhalb der Großstädte ausweichen. Zu diesem Zeitpunkt wird Waiblingen ein interessanter Investitionsort.

Literaturverzeichnis

Becker, J. (2018): Projekt Standortanalyse. Eine volkswirtschaftliche wie auch betriebswirtschaftliche Betrachtung. S. 270, BoD - Books on Demand, Norderstedt

Brauer, K. (2018): Immobilienprojektentwicklung. In: Brauer, K. (Hrsg.), Grundlagen der Immobilienwirtschaft. Recht – Steuern – Marketing – Finanzierung – Bestandsmanagement – Projektentwicklung. S. 607 – 621, 9. Auflage, Springer Gabler, Wiesbaden

Bundesagentur für Arbeit (Hrsg.) (2018): URL: https://statistik.arbeitsagentur.de/Navigation/Statistik/Statistik-nach-Regionen/Politische-Gebietsstruktur/Baden-Wuerttemberg/Rems-Murr-Kreis-Nav.html

Falk, B (1994): Gewerbe-Immobilien. S. 353-354, 6. Auflage, Verlag Moderne Industrie, Landsberg

Großklaus, R. (2009): Praxishandbuch Produktmanagement. Marktanalysen und Marketing, Positionierung und Preisfindung, Mediaplanung und Agenturauswahl. S. 84 + 99, E-Book-Auflage, FinanzBuch Verlag GmbH, München

Google (Hrsg.) (2018): URL: https://www.google.de/maps/dir//Waiblingen/@48.8597926,9.2894462,12z/data=!4m16!1m7!3m6!1s0x4799c8aee152840b:0x4c4f056db689e927!2sWaiblingen!3b1!8m2!3d48.8293519!4d9.3185739!4m7!1m0!1m5!1m1!1s0x4799c8aee152840b:0x4c4f056db689e927!2m2!1d9.3185739!2d48.8293519

Ponnewitz, J. / Kienzler, T. (2016): Marktfähigkeit von Mikroapartments. Ein Leitfaden für eine Projektentwicklung. S. 36-38, 1. Auflage, JOSEF EUL VERLAG, Lohmar

Rems-Murr-Kreis (Hrsg.) (2018): URL: https://www.rems-murr-kreis.de/wirtschaft-bildung-tourismus/wirtschaftsfoerderung/infos-service/daten-fakten/?sword_list[]=einwohner&no_cache=1

Schweizer, M. (2011): Planung und Steuerung. In: Bea, F. / Schweitzer, M. (Hrsg.), Allgemeine Betriebswirtschaftslehre, Bd. 2: Führung. S. 40, 10. Auflage, Lucius & Lucius, Stuttgarts

Stadt Stuttgart (Hrsg.) (2018): URL: https://www.stuttgart.de/item/show/55064

Statistische Ämter des Bundes und der Länder. Gemeinsames Statistikportal (Hrsg.) (2018): URL: https://www.statistikportal.de/de/produkte/gemeindeverzeichnis

Stuttgarter Zeitung (Hrsg.) (2018): URL: https://www.stuttgarter-zeitung.de/inhalt.hotelersatz-in-esslingen-mehr-wohnraum-durch-mikro-apartments.d8c0e195-769e-44e8-9f6b-0e12a4f70421.html

Theis, H. (2008): Handbuch Handelsmarketing. Erfolgreiche Instrumente der Handelsmarktforschung. S. 310 + 340, 2. Auflage, Deutscher Fachverlag, Frankfurt am Main

Verkehrs- und Tarifverbund Stuttgart GmbH (Hrsg.) (2018): Verbund Schienennetz 2018. URL: www.vvs.de/download/Verbund_Schienennetz_2018.pdf

Wikimedia Commons (Hrsg.) (2009): URL: https://upload.wikimedia.org/wikipedia/commons/0/04/Baden-W%C3%BCrttemberg_WN.svg

Wikipedia (Hrsg.) (2009): Lage von Waiblingen im Rems-Murr-Kreis. Urheber: Franzpaul, Lencer und Kjunix.   URL: https://upload.wikimedia.org/wikipedia/commons   /6/69/Waiblingen_im_Rems-Murr-Kreis.png